Evangelizar

José Young

Ediciones Crecimiento Cristiano

Diseño de Tapa: Ruth Santacruz

Cuaderno del programa:
Cursos para el Crecimiento Cristiano

Ediciones Crecimiento Cristiano
Córdoba 419
5903 Villa Nueva, Cba.
Argentina
Oficina@edicionescc.com
www.edicionescc.com

© 1991 Ediciones Crecimiento Cristiano

Primera Edición: 8/91

ISBN 950-9596-485

Impreso en la Imprenta Geremía, Villa Nueva, Octubre 2013

IMPRESO EN ARGENTINA   VC4

Introducción

Si tuviéramos que hacer una lista de los temas "fundamentales" de la vida cristiana y de la iglesia, sin ninguna duda la evangelización tendría una prioridad muy alta. La razón es muy sencilla:Dios ama al mundo.

- Desea que todos lleguen a ser discípulos de su Hijo.
- Nos encargó a nosotros la tarea de hacer discípulos.

Sin embargo, para muchos creyentes el tema *no* es sencillo. Al contrario, se ponen nerviosos cuando lo enfrentan. Este cuaderno tiene —especialmente para los creyentes "nerviosos"— tres propósitos:

- "Desmistificar" el tema. Es decir, bajar la evangelización de su puesto como una habilidad especializada, al nivel de la vida cotidiana.
- Aclarar —y simplificar si es posible— los aspectos principales del tema.
- Ofrecer ejercicios y ayuda práctica para que *hagamos* la evangelización.

El Señor dijo que hemos de ser sus testigos. ¡Seámoslo en verdAd!

Temas

Estudio	Página	Tema
1	4	El planteo
2	10	El hombre
3	15	El evangelio
4	21	Los primeros pasos
5	28	Paso 3
6	32	Ensayo del paso 3
7	33	Paso 4
8	41	Ensayo del paso 4
9	44	Pasos 5 y 6
10	51	Paso 7
	57	Cómo utilizar este cuaderno

1

El planteo

"Evangelizar es comunicar una buena noticia." Ese es el significado de la palabra misma, y así de simple es la tarea.

¿Por qué, entonces, muy pocos creyentes evangelizan? Por supuesto, hay excepciones. Todos conocemos personas que hablan a todo el mundo de Cristo. Pero una buena parte de los creyentes pasan incógnitos en su fe.

1/ ¿Por qué será esto? ¿Qué razón puede haber?

Aquí la afirmación de Pablo en Romanos 1:16 de no tener "vergüenza" de su fe es importante. Lo dice también a Timoteo en 2 Timoteo 1:8.

¿El problema es que tenemos vergüenza de la fe, de hablar, de nosotros mismos, o de qué cosa? ¿La vergüenza ha sido también *su* problema?

2/ ¿Qué opina?

Ahora, la razón que Pablo da para no tener vergüenza no es tan aparente.

3/ El dice que no tiene vergüenza porque el evangelio es "poder de Dios".

➜ ¿Cómo entiende esa frase: "El evangelio es poder de Dios"?

➜ ¿Es una solución para la vergüenza? Explique.

El planteo de esta lección consta de tres afirmaciones. Ya comenzamos con la primera: "Evangelizar es simplemente comunicar una buena noticia". La segunda afirmación es esta:

"Todos ya tenemos los requisitos necesarios para evangelizar."

Algunos estudios sobre la evangelización no están de acuerdo con esta afirmación. Por ejemplo, uno dice que no estamos en condiciones de evangelizar a menos que:

- tengamos seguridad de nuestra salvación.
- estemos creciendo espiritualmente.
- seamos una persona de oración.
- estemos en buena comunión con Dios.
- estemos a la espera del regreso de Jesucristo.
- sintamos compasión por la gente.
- sintamos la urgencia de la tarea.

Todos estos requisitos son excelentes para el seguidor de Jesucristo, sin embargo, todavía insisto que no vienen al caso. Es decir, no podemos ni debemos esperar que todo eso sea perfeccionado en nuestras vidas antes de evangelizar. Veamos un ejemplo bíblico de un hombre que dio buen testimonio de Jesucristo.

4/ Lea Juan 9.

➜ ¿Qué requisitos cumplió este hombre para ser testigo de Jesucristo?

➜ ¿Le parece que su testimonio era efectivo o no? ¿Por qué?

Veámoslo desde otra perspectiva. Una definición de la evangelización es la siguiente: "Un mendigo que muestra a otro mendigo dónde encontrar pan."

5/ ¿Cómo interpreta usted esta definición?

En el libro "Evangelización o lavado cerebral" (Ediciones Certeza, p. 20), se cita a John White:

Ahora bien, si tu eres siquiera parcialmente honesto (la honestidad total es rara y es cosa difícil), en una conversación con *un no creyente va a resultar muy **difícil** el evitar hablar acerca de Cristo y lo cristiano. ¿Dices tú que es difícil testificar? Yo afirmo que con un poco de honestidad resulta imposible **no** testificar.*

6/ ¿Está de acuerdo de "que con un poco de honestidad resulta imposible *no* testificar"? Explique en sus propias palabras, lo que piensa de este párrafo.

Sin ninguna duda, vamos a ser mejores evangelizadores al crecer más en nuestra vida cristiana. Sin embargo, desde el primer momento, ya tenemos lo mínimo necesario para evangelizar. Aunque hayamOs transitado muy poca distancia en el camino, podemos mostrar a otro cómo llegar a dónde estamos.

La tercera afirmación de esta lección es que en realidad, siempre testificamos. Siempre estamos comunicando algo a la gente que nos rodea.

Tomemos el caso de un creyente que trabaja en una oficina con otras personas. Es creyente, sin embargo, nunca ha dicho nada verbalmente acerca de su fe. De todos modos, con esa actitud, ya está comunicando algo.

7/ ¿Qué comunica?

La gente nos "lee". Sabe qué somos. En *este* sentido, el requisito principal para el evangelizador es la integridad.

8/ ¿Cómo define usted la "integridad", aplicándola a nosotros los cristianos?

9/ En resumen, ¿cuáles eran las tres afirmaciones de esta lección?

➔

➔

➔

10/ ¿Está de acuerdo con ellas? ¿Por qué?

Una tarea opcional

La tarea consiste en buscar tres personas (pueden ser más, si está dispuesto) que *no* son creyentes, y hacerles estas preguntas:

a) ¿Quién es Jesucristo para usted?
b) ¿Qué es un cristiano verdadero?
c) ¿Cómo describe su propia relación con Cristo?

Si es posible, busque personas de diferentes trasfondos y experiencias, para tener más variedad en las respuestas.

En la lección siguiente compararemos los resultados.

2

El hombre

El tema de la evangelización cobra urgencia, cuando comprendemos la situación de la gente que nos rodea. El evangelio es una buena noticia justamente porque soluciona un problema, llena una necesidad.

La Biblia es muy específica en describir esa necesidad. Veamos unos ejemplos.

1/ Escriba *una sola palabra* para cada uno de los pasajes siguientes, que describa la condición del hombre.

➜ Juan 8:34

➜ Romanos 5:10

➜ 2 Corintios 4:3

➜ 2 Corintios 4:4

➜ Efesios 2:1,2

2/ Escriba ahora un párrafo de resumen, en base a los pasajes de la primera pregunta, que describa la condición del hombre.

Ahora, esto lo entendemos y aceptamos. Sin embargo, ¿qué del tío Jorge, que vive una vida tan recta? El y su esposa siempre ayudan a la gente, y son personas realmente buenas, aunque no pretenden seguir el evangelio.

3/ ¿Cómo entiende el caso de personas así, a la luz de las preguntas anteriores?

Tal vez lo que más nos cuesta es ver al mundo como Dios lo ve. Aquí vienen bien las palabras de Dios en 1 Samuel 16:7: "...el hombre se fija en las apariencias, pero yo me fijo en el corazón." Algo que nos ayuda a aclarar el panorama es ver a la vida, en su dimensión espiritual, como un camino. Por supuesto, hay un solo camino hacia Dios, que es Jesucristo. Pero hay *muchos* caminos hacia Jesucristo, y cada persona lo transita a su manera; cada persona ha llegado a una cierta altura en el camino.

Por ejemplo, si hicieron la tarea opcional de la lección anterior, seguramente encontraron varias respuestas diferentes.

4/ Si lo hicieron, tomen tiempo ahora para comparar los resultados. En resumen:

➜ ¿cómo ve la gente a Jesucristo?

➜ ¿qué es, para ellos, un cristiano verdadero?

→ ¿cómo describen su relación con Jesucristo?

Una manera de visualizar la situación de la gente es por medio de una escala. Es como una escalera que va hacia el reino de Dios. Uno sube a la par de su conocimiento y disposición de obedecer a Dios. Este modelo de la experiencia cristiana ha sido desarrollado durante varios años por estudiosos de la evangelización.

5/ ¿Esta escala reproduce su propia experiencia con Dios? Explique.

Las implicancias de esta realidad son varias. Una es, simplemente, que tenemos que encontrar a la otra persona dónde esté. La comprensión y necesidad de una persona que recién comienza en la primera etapa del "camino" son muy diferentes a las de la

Escala de experiencia espiritual

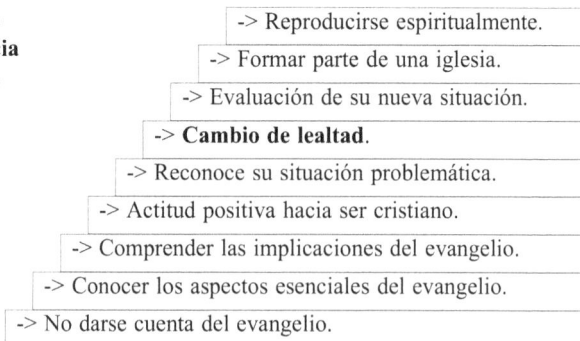

-> Reproducirse espiritualmente.

-> Formar parte de una iglesia.

-> Evaluación de su nueva situación.

-> **Cambio de lealtad.**

-> Reconoce su situación problemática.

-> Actitud positiva hacia ser cristiano.

-> Comprender las implicaciones del evangelio.

-> Conocer los aspectos esenciales del evangelio.

-> No darse cuenta del evangelio.

persona que está cerca del punto de decisión.
Vemos, por ejemplo, que el mensaje del Señor fue distinto, según la persona con que se enfrentaba. Busque los siguientes incidentes, y trate de resumir el contenido del evangelio que compartió el Señor en cada caso.

6/ ¿Qué evangelio le predicó a:

➔ Nicodemo (Juan 3)?

➔ la mujer samaritana (Juan 4)?

➔ el joven rico (Marcos 10)?

El Señor, por supuesto, conocía el pensamiento de cada persona, y adaptaba el mensaje a su necesidad. Pero vemos que Pablo, también, adaptó su mensaje a sus oyentes. Los mensajes que predicó a los judíos son muy diferentes de los mensajes que predicó a los gentiles. Compare, como ejemplo, los sermones de Hechos 3:12-26 y Hechos 17:22-31.

7/ ¿Cuáles son las diferencias más importantes entre los dos?

En esta lección hemos visto esencialmente tres conceptos:
* la grave condición del hombre, a pesar de las apariencias.
* la diferente situación de los hombres, según su condición espiritual.
* la necesidad de encontrar a la persona donde esté.

Tarea opcional

Esta vez busque una persona no creyente (puede ser más, si está dispuesto). Trate de averiguar, por medio de preguntas y discusión, dónde está en la escala espiritual de esta lección. ¿Por qué llegó a la conclusión de que está en *esa* posición de la escala?

3

El evangelio

"Todos los que invoquen el nombre del Señor, alcanzarán la salvación." Pero ¿cómo van a invocarlo, si no han creído en él? ¿Y cómo van a creer en él, si no han oído hablar de él? ¿Y cómo van a oir, si no hay quienles anuncie el mensaje? (Romanos 10:13,14)

Si el evangelio es la solución de Dios para el problema del hombre, entonces éste tiene que *oir* y *compender* el mensaje. Ahora, comenzamos con este concepto:

El mensaje tiene muchas facetas, pero una verdad central.

1/ Por ejemplo, según los siguientes pasajes, ¿cuál es el contenido del mensaje que se predicó?

➜ 1 Corintios 1:23

➜ 1 Corintios 2:2

➜ 1 Corintios 15:3-8

→ 2 Corintios 4:5

→ Efesios 3:8

2/ Aunque los pasajes de la primera pregunta definen diferentes aspectos del evangelio, todos tienen una cosa en común. ¿Qué es?

¿Se ha fijado que los primeros cuatro libros del Nuevo Testamento son *evangelios*? Por ejemplo, algunos documentos antiguos afirman que el Evangelio de Marcos es mayormente una compilación de los sermones de Pedro. Es decir, *ese* es el evangelio que Pedro predicó: la vida, palabra, muerte y resurrección de Jesucristo. El evangelio, en su sentido más simple, es Jesucristo.

La lección anterior afirmó que el evangelio es una buena noticia, porque también es una solución al problema del hombre.

3/ Según su experiencia, ¿qué es, para la mayoría de la gente, el "problema" que más les pesa?

4/ ¿De qué manera el evangelio, es decir, Jesucristo, es una solución a ese problema?

La tarea opcional de la lección anterior era, más que todo, un ejercicio de investigacion. Necesitamos comprender la situación de la otra persona para poder presentarle un mensaje adecuado. Y la manera más fácil de entender su situación es preguntar, y escuchar.

5/ ¿Qué resultados obtuvieron de su encuesta?

Si consultamos a los manuales escritos sobre la evangelización, enconTramos que sugieren varias formas de presentar el mensaje. Al final de esta lección hemos reproducido algunas. Pero de nuevo insisto que no hay un evangelio "enlatado", es decir, una presentación que sirva para todas las situaciones. Ya vimos por qué en la lección anterior.

Todos necesitamos enfrentarnos con Jesucristo y decidir qué vamos a hacer con su oferta y sus demandas.

Según la "escala espiritual" (lección 2), en algunos casos será necesario comenzar desde el principio, con lo esencial; en otros casos, no necesitan más información, sino ayuda para decidirse. Si usted prefiere tener alguna ilustración o bosquejo del evangelio, recomiendo el capítulo 5 del cuaderno *Hacer discípulos*, de los Cursos para el Crecimiento Cristiano. El énfasis de nuestro mensaje, entonces, no es un "plan de salvación", sino una persona que salva. Si estudiamos los sermones de evangelización en el libro de los Hechos, vemos que todos están de acuerdo: Jesús es la respuesta de Dios frente a la necesidad humana.

Veamos una muestra de esos sermones que se encuentra en Hechos 10:34-43.

6/ En cuanto a este mensaje,

➜ ¿qué enseña acerca de Jesucristo mismo?

➜ ¿qué promesa hace?

➜ ¿cuál es su advertencia?

➜ ¿qué respuesta espera de parte de los oyentes?

Realmente, nosotros debemos ser "especialistas" en Jesús. Necesitamos pasar tiempo leyendo, meditando y estudiando en los evangelios, para que lo conozcamos a él tal como una de las personas íntimas de nuestra familia. Así será relativamente fácil y natural decir a una persona por qué Jesucristo le puede ayUdar.

Luego, ¿qué respuesta espera Dios frente al mensaje acerca de su Hijo? Si examinamos los mensajes del libro de los Hechos, encontramos cinco verbos diferentes que describen la acción que se espera. Son: arrepentirse, convertirse, creer, bautizarse y obedecer.

Aunque estos verbos tienen significados diferentes, todos apuntan hacia un mismo fin: establecer una relación con Jesucristo. Examinaremos los tres que más se repiten en los Hechos.

El primero, **arrepentirse**, significa principalmente un cambio de mente, de actitud. Aunque popularmente se usa con la idea de "sentir pesar por el pecado", ese no es su significado correcto. Esto se ve en pasajes como Génesis 6:6,7 y Jeremías 18:10 donde dice que Dios *se arrepiente* (versión Reina-Valera), es decir, cambia de actitud.

7/ Si es así, entonces, cuando pedimos el arrepentimiento a la gente, en realidad, ¿qué les estamos pidiendo?

El segundo verbo que vamos a considerar es **convertirse**.

La palabra griega que se traduce "convertirse" es muy común en el Nuevo Testamento. De las 40 veces que aparece en el griego, sólo 8 se traducen al castellano como "convertiRse". La traducción del verbo en los otros pasajes normalmente es "volverse" (Mateo 9:22. "Darse vuelta"en la VP) o "volver" (Mateo 12:44. "Regresar" en la VP).

8/ Entonces, cuando decimos a la gente que debe "convertirse", ¿qué le estamos pidiendo? Explíquelo en sus propias palabras.

La palabra **creer** es más difícil porque el sentido popular del verbo no es igual al bíblico. Por ejemplo, si sale ahora a la calle y pregunta a varias personas si "creen en Jesucristo", casi todas van a decir que sí. Pero es muy probable que ninguna sea salva en el sentido bíblico. La palabra usada en la Biblia va más allá de la "credulidad", y tiene más la idea de "confiar en". En varios pasajes, como por ejemplo Romanos 3:2 y 1 Corintios 9:17, se traduce por "confiar" o "encargar".

9/ A la luz de esto, ¿por qué es inadecuada la fe popular?

Observe nuevamente la escala de progreso espiritual (estudio 2). Ella define al momento de conversion como un "cambio de lealtad".

10/ ¿Le parece que es una manera adecuada para representarla? ¿Por qué?

Cuando Jesucristo estuvo aquí, dijo a la gente "Síganme, confíen en mí", y nosotros presentamos a Jesús con el mismo fin. No queremos convertir la gente a la "religión evangélica", sino hacerles discípulos de Jesucristo.

Terminamos con una cita del libro "Evangelización en la iglesia primitiva" de Michael Green (Ediciones Certeza, tomo 2, página 18):

...ya fuese el esperado Mesías del Antiguo Testamento, o el Señor que ejerce dominio sobre poderes demoníacos... los antiguos predicadores de la buena nueva tenían un tema único: Jesús.

4

Los primeros pasos

En lecciones anteriores utilizamos dos modelos para describir la vida espiritual: un camino, y una escalera. Ambos definen la vida espiritual como un proceso. Como todas las otras formas de vida, la espiritual se desarrolla, crece hacia la madurez (Efesios 4:12,14,15,16). Este concepto tiene varias implicancias prácticas. Una, es que no debemos apurar el proceso. Por ejemplo, si apuramos el embarazo, el resultado puede ser un aborto.

1/ Piense un momento. Una persona puede convertirse al evangelio, pero no a Cristo. ¿Cómo entiende usted la diferencia?

Otra consecuencia práctica de la vida espiritual como un proceso es que varias personas pueden formar parte de él.

Por ejemplo, conozco a un joven con quien tuve una sola conversación, al respondEr a varias preguntas que tenía. Después decidió por Cristo, y según me dijo, esa conversación era un eslabón en la cadena de personas y circunstancias que lo llevaron a Cristo.

De la misma manera, puedo recordar a varias personas que tuvieron una influencia importante en mi conversión.

2/ ¿Cómo ha sido su experiencia? ¿Puede dar nombres de personas que tomaron parte en su conversión? ¿Qué aporte dio cada una?

Y una tercera implicancia práctica de este proceso es que Dios puede utilizarle a *usted* en una etapa —o varias— del proceso. Veremos cómo, en esta lección y las siguientes.

Vamos a explorar siete pasos prácticos en este camino que lleva al reino de Dios. Puede ser que usted tenga el privilegio de acompañar a una persona en todo el proceso; o también en solamente uno o dos de los pasos.

Paso uno...

Los pasos:	5 - Invitar a la persona a que participe en una actividad apropiada.
1 - **Hacer lista de nombres y orar por ellos**	
2 - Comenzar a forjar la amistad	
3 - Aprender a preguntar y responder	6 - Animarle a decidirse.
4 - Aprender maneras de presentar a Cristo a las demás personas.	7 - Acompañarlo en el crecimiento.
⇨ Literatura.	
⇨ Su experiencia.	
⇨ Comunicar el evangelio.	

Estamos rodeados de gente sin Cristo, y no podemos sentirnos responsables por *todos*. Pero lo que sí podemos hacer es comenzar a orar por algunas personas específicas. Puede ser una; pueden ser varias. Lo importante es anotar sus nombres y comenzar a "luchar" por ellas.

3/ Si tuviera una lista así, ¿quiénes estarían en ella?

¿Se fijó en el verbo "luchar" en el párrafo anterior?

4/ Busque 2 Corintios 4:3,4, Efesios 6:12 y Colosenses 2:1. ¿Cómo es la lucha?

Sí, nuestra tarea tiene una dimension espiritual profunda. En un nivel, nosotros hacemos lo que podemos para que una persona llegue a Cristo. Pero en otro nivel, están en pugna fuerzas espirituales más allá de nosotros.

Pero, felizmente, no estamos solos. Estamos involucrados en una tarea compartida.

5/ Según Juan 15:26, 27 y 1 Corintios 3:5-9, ¿cómo se comparte la tarea?

6/ Es importante notar la obra específica del Espíritu Santo en esta tarea. Busque Juan 16:8,9.
➔ En resumen, ¿qué hace el Espíritu?

➔ Si es así, ¿qué parte queda para nosotros?

Todos podemos tomar el primer paso, aún los que somos muy tímidos, o que pensamos que no somos capaces de testificar. Puede ser que Dios utilice otra, u otras pesonas para los siguientes pasos. Todos los hijos de Dios estamos en condiciones para entrar en la lucha orando por personas específicas.

Paso dos:

Los pasos:
1 - Hacer lista de nombres y orar por ellos

2 - Comenzar a forjar la amistad

3 - Aprender a preguntar y responder

4 - Aprender maneras de presentar a Cristo a las demás personas.

⇨ Literatura.

⇨ Su experiencia.

⇨ Comunicar el evangelio.

5 - Invitar a la persona a que participe en una actividad apropiada.

6 - Animarle a decidirse.

7 - Acompañarlo en el crecimiento.

Conviene, a veces, hablar de la "pre-evangelización". Es decir, pasos que ablandan la tierra, que abren surcos. Los primeros dos pasos, y hasta cierta medida el tercero, son así.

La oración abre surcos; la amistad también. Si lo pensamos un poco, es lógico. No debemos ver a las personas de nuestra lista como "candidatos para la conversión", sino debemos buscar ser sus amigos.

7/ ¿Por qué? ¿Cuántas razones encuentra para esta pauta?

8/ Pablo nos muestra mucho con su ejemplo. Busque 1 Tesalonicenses 2:1-12.

➔ ¿Qué quería evitar Pablo?

➔ Por otro lado, ¿de qué manera se portó entre los tesalonicenses?

Una dimensión importante de este paso es escuchar. Para ser honesto, los buenos oyentes son pocos. Muy a menudo, cuandoestoy con un grupo de personas conversando, me doy cuenta de que la mayoría no están escuchando, sino que están esperando su turno para hablar (aunque algunos interrumpen en vez de esperar).

9/ ¿Cuáles serán las pautas para ser un buen oyente?

10/ ¿Por qué es importante serlo en la evangelización?

Resumimos las ideas princpales de esta lección:
- *Todos* podemos tomar parte en uno o más de los pasos que conducen a una persona hacia el reino de Dios.
- El primero es simplemente comenzar a orar por personas específicas.
- El segundo es comenzar a mostrarles amor.

Muestras de bosquejos del evangelio

1

Dios	Este es su mundo.
	El lo hizo.
	Realmente existe.
	Ha dado el control del mundo a Jesucristo.
	Llama a todos a someterse a Jesús.
El hombre	Hace lo que uno esperaría: se rebela contra la posibilidad de que alguien controle su vida.
	Algunos se rebelan activamente.
	Otros se rebelan pasivamente.
Dios	Hace lo que uno esperaría: llama al hombre a dejar su rebelión y someterse a Jesús.
El hombre	¿Y si lo hago?
	¿Y si no lo hago?

2

Las cuatro leyes espirituales:

1 Dios te *ama*, y ofrece un *plan* maravilloso para tu vida.

2 El hombre es *pecaminoso* y *separado* de Dios. Como consecuencia, no puede conocer y experimentar el amor de Dios y el plan para su vida.

3 Jesucristo es la *única* provisión de Dios para el pecado del hombre. Por medio de él, puedes conocer y experimentar el amor de Dios y su plan para tu vida.

4 Debemos *recibir* individualmente a Jesús como Salvador y Señor; entonces podemos conocer y experimentar el amor de Dios y su plan para nuestras vidas.

5

Paso 3

Paso tres...

Los pasos:

1 - Hacer lista de nombres y orar por ellos
2 - Comenzar a forjar la amistad
3 - Aprender a preguntar y responder
4 - Aprender maneras de presentar a Cristo a las demás personas.
⇨ Literatura.
⇨ Su experiencia.
⇨ Comunicar el evangelio.

5 - Invitar a la persona a que participe en una actividad apropiada.
6 - Animarle a decidirse.
7 - Acompañarlo en el crecimiento.

Para ayudar a una persona a avanzar en ese camino que lleva hacia el reino de Dios, es necesario saber hasta dónde ha llegado. Y la manera más fácil de saber dónde está, es por medio de preguntas.

En general, hay dos clases de preguntas importantes. Primero, las que nos ayudan a conocerle al otro como *persona*. En muchos casos, no sabemos más de una persona que su nombre, dónde vive y en qué trabaja. Pero la amistad exige que vayamos más allá de eso.

1/ En el grupo, trabajen sobre estas dos preguntas: "¿Qué queremos conocer de la otra persona?" y, como consecuencia, "¿Cuáles son algunas de las preguntas claves que debemos hacer?"

La segunda clase de preguntas son las que nos ayudan a comprender la situación *espiritual* de la otra persona. Pero aquí estamoS en un área más difícil. En parte, por ese recelo irracional que tenemos muchos de hablar de cosas espirituales. Pero también por un problema de lenguaje. En realidad, son *dos* problemas de lenguaje.

El primero es que, en comparación con la mayoría de la gente, nosotros los evangélicos somos "especialistas" en la religión. Es decir, conocemos *mucho* más de la Biblia y de los temas espirituales. Pero muy pocos "especialistas" saben comunicarse con el mundo. Vamos al médico, y en vez de explicarnos por qué tenemos un dolor de cabeza, dice que tenemos una "inflamación superficial temporaria de las membranas de la sección occipital del cerebro". De la misma manera, muchas veces la gente no nos entiende porque hablamos con términos propios, con nuestra "jerga".Conceptos como el pacto, la tribulación, el arca, Isaías, etc. significan muy poco para ellos.

2/ Piense en palabras o frases parecidas que ha escuchado en sermones de evangelización, pero que la gente no evangélica difícilmente ha entendido. Escriba sus ejemplos.

El segundo problema con el lenguaje es que *ellos* (la gente no evangélica) y *nosotros*, entendemos las mismas palabras de maneras diferentes. Como ya mencionamos, si vamos a la calle y preguntamos a la gente si "cree en Cristo", la gran mayoría dirá que sí. Pero, obviamente, no todos son "creyentes" en el sentido bíblico.

3/ ¿Cómo entiende esa frase (creer en Cristo):
→ la gente no evangélica?

→ los evangélicos?

La conclusión es sencilla: Necesitamos cuidarnos de comunicar la verdad de Dios de una manera que nos comprendan.

4/ Trabajen en grupo para preparar varias preguntas, en un lenguaje entendible para la otra persona, que nos ayuden a comprender su situación espiritual.

Es inevitable, a esta altura del camino, que *ellos* comiencen a preguntar. Al entrar en confianza, van a sacar sus dudas que "siempre han querido preguntar a alguien, pero..." Algunas serán preguntas obvias, y en cierto sentido simples: "¿Usted es evangélico?", "¿Qué hacen ustedes?" Son preguntas de curiosidad, no de duda. Merecen una respuesta inteligente, pero no muy complicada. Las otras preguntas más profundas seguramente también vendrán.

5/ ¿Cómo conviene responder a una persona que pregunta:

➜ "¿Eres evangélico?" (Un "Sí", no es adecuado.)

➜ "¿Qué hacen ustedes?"

6/ Elaboren una lista de cuatro o cinco de las preguntas más comunes que tiene la gente en cuanto a Dios, la fe, la Biblia, etc. Hagan una lista en conjunto, que será la base para la próxima lección. No intenten responder a estas preguntas todavía.

Muchos creyentes tienen temor a las preguntas, porque piensan que no podrán responder. La lección siguiente se dedica a este tema.

6

Ensayo del paso 3

En la lección anterior tocamos el tema de las preguntas: preguntas que usted puede formular, y otras que, seguramente, escuchará.

Pedro nos exhorta a prepararnos para poder responder a las preguntas sobre la fe (1 Pedro 3:15,16), y es importante que veamos a las preguntas como oportunidades, y no como amenazas.

El trabajo de esta lección es tomar la lista de preguntas que confeccionaron en la lección anterior, y trabajar juntos en preparar respuestas. Tomen cada pregunta y charlen acerca de:

• ¿Qué significa realmente la pregunta? ¿Cuál es la verdadera inquietud de la persona?

• ¿Cómo responde la Biblia a la pregunta?

• ¿Cuáles son los dos o tres puntos que debemos tomar en cuenta para responderla?

• Practiquen entre dos personas del grupo. Una, que hace la pregunta (a su propia manera), y otra que responde.

Sugiero las siguientes pautas generales en cuanto a respuestas:

1 - No tengan miedo de decir "No sé". Es mucho más sano admitir ignorancia, que "inventar" una respuesta. No hay ninguna razón por la cualtengamos que fingir que sabemos todo.

2 - Si no sabe la respuesta, ofrézcase a averiguarla o a buscar a otra persona que la sepa.

3 - La respuesta no debe ser muy complicada o técnica. La mayoría de la gente acepta una respuesta simple, si es razonable.

4 - Cuidado con el lenguaje, especialmente la "jerga" evangélica. Es sumamente importante que aprendamos a comunicar nuestra fe en maneras que la gente del mundo comprenda..

Fíjense en Colosenses 4:5,6.

Paso 4

Paso cuatro...

Los pasos:
1 - Hacer lista de nombres y orar por ellos
2 - Comenzar a forjar la amistad
3 - Aprender a preguntar y responder
4 - Aprender maneras de presentar a Cristo a las demás personas.
⇨ Literatura.
⇨ Su experiencia.
⇨ Comunicar el evangelio.

5 - Invitar a la persona a que participe en una actividad apropiada.
6 - Animarle a decidirse.
7 - Acompañarlo en el crecimiento.

Para muchos creyentes, este es "el" problema de la evangelización. Se sienten más o menos cómodos con el tema hasta esta altura, pero cuando les toca hacer más que preguntar, los escalofríos comienzan a correr por la espalda.

Pero, de nuevo, recuerde que con una persona en particular, no necesariamente vamos a participar en *todos* los pasos. Puede ser que su parte sea "abrir surcos" con los pasos uno a tres. Sin embargo, animo a todos a que oren para que Dios les ayude y capacite para seguir con este paso (y los siguientes) también.

Literatura

Vamos a la práctica. Sugiero tres maneras de presentar la persona de Cristo a otros. La primera es con la literatura. Podemos resumir el uso De la literatura con tres palabras: Elegir, regalar y preguntar.

Elegir: Conviene tener varias clases de literatura disponibles, pero tiene que elegirla con cuidado. Por ejemplo, *nunca* debe utilizar un folleto solamente porque "hay un montón en una caja en la iglesia". Hay que seleccionar un folleto por su mensaje. Podemos recomendar los folletos de la Serie Semilla (Ediciones Crecimiento Cristiano), porque cada uno enfoca un aspecto del evangelio de una manera provocativa.

En las páginas siguientes hemos reproducido el folleto *La única solución*.

1/ ¿Cuál le parece es la verdad principal que comunica?

Regalar: Debemos regalar un folleto porque conocemos bien su contenido, y pensamos que ayudará a esa persona en el camino. Y al regalarlo, conviene decir "Me gustaría tener tu opinión sobre esto..." Así se abre la puerta para una futura conversación, y estimula a la persona a leerlo.

Otra posibilidad sería un librito, por ejemplo, *Cómo llegar a ser cristiano* por John Stott (Ediciones Certeza, Buenos Aires). Es una presentación más amplia del evangelio. Pero, nuevamente, usted debe conocer bien su contenido antes de regalarlo.

Una tercera posibilidad es regalar un Nuevo Testamento, o una porción de él. Y al hacerlo, conviene explicar las divisiones de capítulos y versículos, y sugerirle dónde comenzar a leer.

2/ Recomendamos *no* regalar una Biblia entera. ¿Puede pensar en algunas razones por las cuales no conviene hacerlo?

¿Dices que hay una sola solución para todo problema?

Sí, lo creo.

Pero vamos, no se puede comparar un problema económico con otro emocional.

Tienes razón, pero si ambos tienen el mismo origen, entonces pueden tener la misma solución.

No, pero ¿cómo van a tener el mismo origen? Estás confundiendo las cosas.

Bueno, me explico entonces. Estamos de acuerdo en que Dios es el creador de todo, ¿verdad? Y según la Biblia, cuando hizo el mundo dijo que era muy bueno. Si todo hubiera quedado así, entonces no tendríamos problemas. Pero la Biblia dice que luego el pecado entró y perjudicó todo. El verdadero origen de nuestros problemas es el pecado, y la solución tiene que ver con Dios.

Ya estás hablando de otra cosa. La religión no hace nada. Hay personas que van a misa todos los días, y sin embargo tienen más problemas que nosotros...

Escucha, la vasta mayoría de nuestros problemas tienen origen humano: guerras, inflación, robos, peleas, todo viene a causa del pecado que está en el hombre. Y los otros problemas, como las enfermedades y las catástrofes, también vienen porque el mundo mismo funciona mal a causa del pecado.

Ahora bien, Jesús vino para salvarnos; ofrece perdonar nuestros pecados y cambiarnos de tal manera que el pecado ya no domine en nuestras vidas. La solución verdadera comienza...

Espera, está bien. Sé que eres evangélico, sin embargo todavía tienes problemas y no lo puedes negar.

Sí, todavía tengo problemas, pero la situación es muy distinta ahora; yo sé el verdadero origen de mis problemas, y Dios me ha dado los recursos necesarios para enfrentarlos. ¿Sabes lo que Jesús dijo? **Vengan a mí todos ustedes que están cansados de sus trabajos y cargas, y yo los haré descansar** (Mateo 11:28).

Ya no vivo desesperado como antes. Y aún más, sé muy bien que ninguno de mis problemas es para siempre.

Bueno, por fin estamos de acuerdo. Con la muerte termina todo, y iadios problemas!

Al contrario, allí comienza el más formidable de todos. La Biblia dice que: **Todos han de morir una sola vez y después el juicio** (Hebreos 9:27). Es cierto que ninguno de nuestros problemas actuales es permanente, pero el juicio sí lo es.

La verdad es que No me gusta ese tema... es un poco pesado. Pero bueno... ¿que propones entonces?

Yo no propongo nada... es Dios quien lo hace. Te voy a leer tres cosas que Jesús dijo: **Si ustedes se mantienen fieles a mi palabra, serán de veras mis discípulos; conocerán la verdad, y la verdad los hará libres... Les aseguro que todos los que pecan son esclavos del pecado... si el Hijo los hace libres ustedes serán verdaderamente libres** (Juan 8:31,32,34,36) La cosa no es que los problemas desaparecen, sino que nosotros cambiamos y los vemos muy diferentes.

Pues... no sé. ¿Cuál es, entonces, esa única solución de la que hablas?

Ya te lo dije antes. Jesucristo es la solución. Si someto mi vida a su cuidado y dirección, no solamente tengo los recursos que necesito para enfrentar esta vida, sino que también tengo confianza en la venidera. La Biblia dice: **Dios nos ha dado vida eterna, y... esta vida está en su Hijo. El que tiene al Hijo de Dios, tiene también esta vida; pero el que no tiene al Hijo de Dios, no la tiene** (1 Juan 5:11,12).

Lo pensaré.

Espero que no solo lo pienses, ya que la Biblia también dice que **ahora es el momento oportuno. ¡Ahora es el día de salvación!** (2 Corintios 6:2) Te conviene comenzar el día de mañana con el que es la verdadera solución: Jesucristo.

Y al regalar un Nuevo Testamento, conviene decirle a la persona: "Si mientras lees encuentras alguna cosa que no entiendes, anótala para conversar después." Ahora, puede ser que usted no sepa responder a todas sus preguntas pero, como dijimos anteriormente, por lo menos puede ofrecer consultar con alguien que sabe la respuesta.

Preguntar: Después de un tiempo prudente, pida la opinión de la persona a quien haya regalado un folleto o librito. Y, si lo ha leído, pregúntele sobre su contenido.

3/ Piense en dos preguntas que puede hacer para abrir una conversación sobre el contenido del folleto La *única solución*.

En resumen, la literatura es una herramienta. Siembra ideas, abre surcos, provee oportunidades para conversar acerca de Cristo y la fe cristiana. No es algo para regalar... y olvidar. Utilícelo para estrechar una relación personal.

Contar su experiencia

¿Recuerda el caso del hombre de Juan 9? Pues, usted es otro caso. Tiene unA experiencia única para compartir. Todo hijo de Dios tiene una experiencia para compartir. Y esta historia, o testimonio, es un arma importante en la evangelización por varias razones que enumeraremos.

Primero, un testimonio personal bien narrado ofrece a la gente la ocasión de identificarse. Es por eso que debe ser algo personal, algo muy "humano" que revele lo que somos. ¿Ha notado cómo olvidamos fácilmente un sermón, pero recordamos las ilustraciones del predicador? El testimonio es una ilustración propia, y por eso atrae.

Segundo, el testimonio personal tiene autoridad. Nadie puede discutirnos lo que hemos experimentado. Una predicación tiende a ser teoría, pero nuestra experiencia personal es muy real y concreta.

Tercero, es flexible y útil en una variedad de situaciones. Es lindo poder decir a una persona, "entiendo lo que dices, porque yo también pensaba así..."

Sugiero cuatro pautas para la preparación del relato de su experiencia personal.

A - Su situación anterior.

Hay que decir lo suficiente para que la gente entienda cómo fue su vida anterior. Esto significa que deberá incluir por lo menos algo de su historia personal.

Soy porteño, nacido en el barrio_____, donde aprendí lo que es la vida...

Soy del norte argentino, una zona donde la gente es muy distinta...

Soy el último hijo de una familia numerosa, lo que me creó toda clase de problemas durante mi juventud...

No hay que decir mucho, pero sí lo necesario como para que la gente tenga una idea de quién es usted. En esto habrá que incluir su estado espiritual. ProbableMente usted no era drogadicto ni homicida, ni nada por el estilo. Pero es probable que era indiferente, o se engañaba, o era sincero pero no había llegado a tener una relación con Jesucristo. Lo cierto es que no nació cristiano, y deberá definir su situación anterior.

4/ Escriba en forma breve los elementos necesarios para su historia personal. Deben ser suficientes para contestar la pregunta: ¿Quién soy?

5/ Describa, a continuación, su estado espiritual antes de ser realmente cristiano.

B - La crisis.

Casi todos hemos experimentado alguna crisis espiritual en nuestras vidas que nos empujó hacia un compromiso verdadero con Jesucristo. Sentimos un vacío en la vida, nos faltaba algo, andábamos mal. Tuvimos que enfrentar un problema o una situación que nos hizo reflexionar seriamente en nuestra situación espiritual. Por supuesto, pocos hemos tenido experiencias extraordinarias como Pablo, pero *algo* tiene que haber ocurrido en nuestras vidas que nos llevó a someternos al señorío de Jesucristo.

6/ Trate de explicar la causa de la principal crisis espiritual de su vida. ¿Cómo se vió a sí mismo? ("Reconocí que era pecador" no es suficiente). ¿Qué tenía que cambiar?

C - Decisión.

Todos tenemos que haber dicho "sí" al señorío de Jesucristo una o más veces. Pero es importante explicar lo que realmente sintió e hizo. Decir "recibí a Cristo en mi corazón" no dice nada a un inconverso. Habrá habido un acuerdo personal entre usted y

Jesucristo. Ya que no nació cristiano, tiene que haber hecho un pacto con él en algún momento de su vida.

7/ Trate de explicar lo que usted le dijo al Señor a causa de la crisis que mencionamos en la pregunta 6. ¿Cuál fue su decisión?

D - Situación actual.

Aquí hay que ser muy honesto y real. Decir "Vivo siempre feliz" es engañar a la gente. Ser de Jesucristo no elimina los problemas de la vida, sino que nos da lo que necesitamos para poder enfrentarlos. Y en este momento ninguno es perfecto, todos somos pecadores redimidos. Pero debe haber alguna diferencia en su vida causada por la presencia de Cristo. Y es importante decirla para que la gente entienda.

Me ayuda a enfrentar mis propias debilidades, y encontrar soluciones...

Me ayuda a tener paciencia en situaciones donde antes no aguantaba nada...

Me ha dado una comunidad de personas que me aman y se preocupan por mí...

8/ ¿Cómo explica usted la diferencia que hace Cristo en **su** vida, hoy?

8

Ensayo del paso 4

Esta es una sesión para practicar. En la lección anterior trabajaron sobre sus experiencias personales. Ahora deben ensayar. Pero primero, algunas sugerencias prácticas.

- No tiene que pedir disculpas. Un testimonio personal es algo interesante si es real y personal. El decir "tienen que disculparme, porque en mi vida no han pasado muchas cosas interesantes", crea un ambiente negativo desde el comienzo.

- Debe ser corto y preciso. Por eso pedimos que lo escriba, para evitar desvíos sin provecho, y para estar seguro de que ha incluído todo lo necesario.

- Tenga tacto. No conviene hablar de los "católicos errados" o "la gente pecadora", etc.

- Cuidado con la jerga evangélica. Es sumamente importante decir todo con palabras e ideas que el no evangélico entienda. Frases como las siguientes no significan nada para el inconverso.

Recibí a Cristo en mi corazón.
Fui lavado de mis pecados por la sangre de Cristo.
Me salvó por su gracia.
Mi único y suficiente Salvador.

- Debe ser honesto. Sin exageración, sin pintar un cuadro que es más ideal que real. La honestidad es más atractiva y efectiva que la ficción. Citamos de nuevo el libro *¿Evangelización o lavado cerebral?* (Ediciones Certeza):

"Testificar no es ponerse una fachada cristiana como para convencer a probables clientes. Testificar es ser honesto, esto es, ser consecuente con lo que Dios ha hecho en su manera de hablar y en su conducta diaria." (p. 19)

- Ser natural. No debe predicar un sermón. Es algo personal, y debe decirlo como si fuera una conversación.
- Siempre tome en cuenta la persona (o personas) a quién está hablando. Lo que usted escribió es el testimonio básico, pero no conviene repetirlo como un loro, tal como está escrito. Dé las ideas básicas, pero puede adaptar la forma a los oyentes.

1/ Explique por qué el siguiente testimonio es inadecuado (aunque es muy común).

Soy de una familia cristiana, y cuando tenía nueve años recibí a Jesucristo como mi Salvador; ahora él está conmigo y tengo paz y gozo en mi vida.

2/ Ahora, cada uno debe relatar su experiencia personal, como si fuera para una persona no creyente, y en el grupo conversen cómo cada uno puede mejorar su presentación. Que la crítica sea *positiva*.

Contar el evangelio

¿Recuerda que en la lección anterior hablamos de tres maneras de presentar a Cristo a una persona? Pues la tercera (junto con la literatura y su experiencia personal) es simplemente comunicar el evangelio.

3/ Supongamos que usted tiene un vecino que muestra cierto interés en las cosas de Dios. Tiene un trasfondo católico, pero no es practicante. Dice tener preferencia por los evangélicos porque "son más sinceros". Si esa persona pregunta "¿Qué creen ustedes?", ¿cómo respondería?

Cada persona puede responder frente al grupo a su manera. Puede ser con una de las ilustraciones que mencionamos en la lección 3, o con una presentación al estilo de Pedro de Hechos 10. Lo importante es que contenga estos elementos esenciales:

- ¿Quién es Jesucristo?
- ¿Por qué él es la respuesta a la necesidad del hombre?
- ¿Qué debemos hacer frente a él?

El grupo, entonces, debe conversar acerca de cómo cada uno pueda mejorar su presentación. Que la crítica sea *constructiva.*

9

Pasos 5 y 6

Paso cinco...

Los pasos:

1 - Hacer lista de nombres y orar por ellos

2 - Comenzar a forjar la amistad

3 - Aprender a preguntar y responder

4 - Aprender maneras de presentar a Cristo a las demás personas.

⇨ Literatura.

⇨ Su experiencia.

⇨ Comunicar el evangelio.

5 - **Invitar a la persona a que participe en una actividad apropiada.**

6 - Animarle a decidirse.

7 - Acompañarlo en el crecimiento.

Para muchos creyentes, este es el primer paso (y también el último). Piensan: "Voy a llevar a Cacho a la iglesia para que escuche el evangelio."

Pero pusimos este paso casi al final a propósito. Porque ¿cómo llega la gente a Cristo? Muchos lo han estudiado, y dicen lo mismo:

- La gente ve el evangelio primero en nuestras vidas.
- Se sienten atraídos por el evangelio cuando perciben el amor de Cristo en nosotros.
- Escuchan el evangelio cuando explicamos por qué somos lo que somos.

Es cierto que Cacho podría escuchar el evangelio en la iglesia, pero hay más probabilidad de que lo acepte, si lo ha visto y escuchado primero en un creyente.

1/ ¿La experiencia de Uds. confirma este principio? Expliquen.

El lugar ideal para esa primera invitación no es la iglesia, sino un grupo pequeño. Hay una gran variedad de ellos. Por ejemplo: estudiantes en una facultad, hombres de negocio en un almuerzo, amas de casa tomando mate en la cocina, algunos familiares en un hogar. En todo el mundo, las iglesias están formando grupos pequeños como parte de su estrategia de evangelización.

2/ ¿Puede pensar en algunas razones por las cuales el pequeño grupo es una manera muy efectiva para introducir una persona a la iglesia?

Recomendamos el cuaderno "La evangelización en grupos pequeños" (Ediciones Crecimiento Cristiano) para iniciar un trabajo efectivo a este nivel.

Por supuesto, en algún momento se debe invitar a la persona interesada a la iglesia. Pero en esto es necesario proceder con cautela. Porque en la práctica, hay personas que han tenido una primera experiencia tan negativa con la iglesia, que no quieren saber nada de ella.

Cada iglesia tiene su propia "cultura" evangélica. Algunas son muy formales, con un culto casi al estilo católico. En otras, todos los creyentes oran en voz alta, casi a gritos. Las hay donde se exige una vestimienta formal; otras no prestan atención a la ropa. Oramos, cantamos, pasamos ofrendas, a veces nos ponemos de pie, etc. Pero lo que es para nosotros un culto normal, puede parecer muy extraño, y aun chocante para la persona nueva.

3/ Piense en su propia iglesia. ¿Qué costumbres pueden ser difíciles de entender, y de aceptar, para una persona que los visite por primera vez?

La solución es sencilla: explicarles qué hacen, y por qué. Una buena preparación evitaría las posibles reacciones negativas.

Paso seis...

Los pasos:	5 - Invitar a la persona a que participe en una actividad apropiada.
1 - Hacer lista de nombres y orar por ellos	
2 - Comenzar a forjar la amistad	
3 - Aprender a preguntar y responder	**6** - **Animarle a decidirse.**
4 - Aprender maneras de presentar a Cristo a las demás personas.	
⇨ Literatura.	7 - Acompañarlo en el crecimiento.
⇨ Su experiencia.	
⇨ Comunicar el evangelio.	

Puede ser que a esta altura una persona ya haya decidido seguir a Cristo... pero puede que no. Es algo que no podemos tomar como automático, pero tampoco conviene apurarlo.

Veamos de nueva a la "escala de experiencia espiritual".

4/ ¿Dónde están las personas de su lista (paso uno) en la escala actualmente?

La escala, por supuesto, Muestra solamente una dimensión del proceso. No indica los cambios profundos que Dios opera en la persona que tome el paso de decisión, y dice "sí" al mensaje de Dios.

5/ Busque los siguientes pasajes: Efesios 2:19; 5:8; Colosenses 1:13.

→ Define el cambio que describen estos versículos con sus propias palabras.

→ ¿Este cambio es algo visible? Explique.

En la práctica, no hay dos casos iguales. Algunos "se deslizan" sobre el punto de decisión, y no es fácil marcar el momento preciso en que se convirtieron. Otros lo toman en un salto grande, y toda su vida resulta sacudida como resultado.

6/ ¿Cuál ha sido la experiencia suya?

En el caso de las personas de nuestra lista, es necesario que tomen una decisión. Puede ser que sea "no" al evangelio; pero de todos modos, tieneN que enfrentarse con Jesucristo y decidirse. La pregunta es: ¿hasta qué punto depende de nosotros? Si miramos a los ejemplos del Señor y de los apóstoles en el libro de los Hechos, vemos que a veces pidieron una decisión, pero otras veces, no.

El problema es que si tratamos de apurar la decisión, encaramos la posibilidad de un "aborto" en vez de un nuevo nacimiento. No olvide de que en tres de los cuatro casos de la Parábola del Sembrador, el proceso se quedó truncado. En este sentido, es peligroso poner las palabras de decisión en la boca de otra persona.

7/ ¿Está de acuerdo de que es un peligro? ¿Por qué?

Pero hay otro extremo, el de nunca pedir una decisión. Uno puede decir que si la conversion realmente es obra del Espíritu Santo, entonces no hace falta pedir una decisión; el Espíritu se encarga de convencer a la persona. Muchos nos convertimos a solas, sin la presencia de otra persona para "guiarnos" al Señor.

8/ ¿Qué le parece esta otra cara de la moneda?

Cuando vemos que una persona de nuestra lista se aproxima al punto de tomar una decisión, recomiendo lo siguiente:

- Pregúntele: "¿Juan, cuándo vas a decidirte por Cristo?", o algo equivalente. El propósito es simplemente ayudarle a enfrentarse con la ncecesidad de decir "sí" o "no" al evangelio de Dios.

- Si dice que ya lo hizo, pregunte qué hizo, para estar seguro de que entienda las implicaciones y alcances de su decisión.

- Si indica que no lo ha hecho todavía, pero que está dispuesto, entonces anímele a decírselo a Dios ahora. Pero *no* conviene poner las palabras en su boca. Si no sabe qué decir, entonces pueden conversAr sobre su comprensión del evangelio y el compromiso que exige. Si *no* es capaz de decirle a Dios que desea cambiar su vida y servir a Jesucristo, entonces es mejor que espere; esto implica que todavía no comprende, o que realmente no está dispuesto a decidirse todavía.

- Si dice "No sé", entonces trate, con preguntas, averiguar dónde está en el proceso, y qué le impide tomar una decisión. No conviene apurarlo, sino ayudarle a superar el próximo paso en el proceso hacia el reino de Dios.

Terminamos con una ilustración tomada de un artículo de la revista "Pensamiento Cristiano" (Dilema evangélico, por William McDonald, P.C. 81). Explica la tendencia que muchos tienen de reducir el mensaje de tal forma que ya no es el evangelio. El autor dice, por ejemplo, que en esos casos "el proceso evangelístico se resume en unas cuantas preguntas y respuestas básicas".

—¿Cree que es usted pecador?
—Sí.
—¿Cree usted que Cristo murió por los pecadores?
—Sí.
—¿Quiere usted recibirle como su salvador?
—Sí.
—¡Entonces usted es salvo!
—¿Sí?
—Sí. La Biblia dice que usted es "salvo".

Según lo que hemos estudiado en esta lección y la anterior, hay por lo menos dos faltas graves en esta presentación del evangelio, faltas que probablemente hacen que la persona que responde no reciba la vida en el sentido bíblico.

9/ ¿Cuáles son esas faltas? Explique.

Destaco de nuevo que nosotros no podemos convertir a nadie... pero sí podemos animar a nuestro amigo a decidirse, a enfrentarse con Jesucristo y poner su vida en sus manos.

10

Paso 7

El proceso no termina cuando una persona decide seguir a Cristo; en un sentido, comienza la parte más crítica. Dios nos ha llamado a crecer. Nuestra tarea no es solamente conseguir "manifestaciones", sino hacer discípulos. Y su propósito es que no sólo sigan adelante en la vida cristiana, sino que aún más, hagan a su vez otros discípulos.

Paso siete...

Los pasos:
1 - Hacer lista de nombres y orar por ellos
2 - Comenzar a forjar la amistad
3 - Aprender a preguntar y responder
4 - Aprender maneras de presentar a Cristo a las demás personas.
   ⇨ Literatura.
   ⇨ Su experiencia.
   ⇨ Comunicar el evangelio.

5 - Invitar a la persona a que participe en una actividad apropiada.
6 - Animarle a decidirse.
7 - Acompañarlo en el crecimiento.

Veamos ahora otro modelo sencillo. Observe el dibujo uno. La línea vertical representa la escala de progreso espiritual. En un extremo (-) está la ausencia de toda vida espiritual. El punto cero representa el momento del nuevo nacimiento, y el otro extremo (+), llega hasta la plenitud de Cristo. La línea horizontal representa la edad de una persona. Terminamos en 100, ya

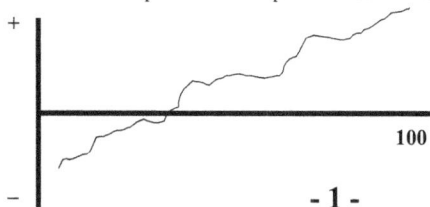

+

100

- 1 -

–

que muy pocos de nosotros llegamos a pasar esa edad. El trazado de la línea representa, entonces, la experiencia espiritual de una persona durante su vida. En el caso del dibujo uno, comienza sin mucha vida espiritual, se entrega a Jesucristo cuando tiene unos 25 años, y sigue desarrollándose poco a poco.

1/ Lo que muchas veces vemos en la práctica es lo que se ilustra en el dibujo dos. ¿Conoce usted un caso parecido? Descríbalo. ¿Qué ha ocurrido realmente en ese caso?

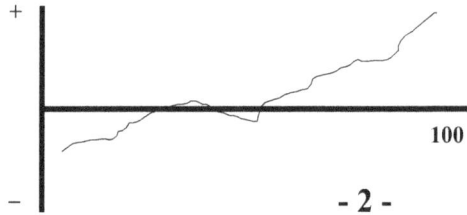

- 2 -

2/ Otro caso común es la ilustración del dibujo tres. ¿Conoce usted un caso Parecido? Descríbalo.

- 3 -

3/ En el espacio de la figura cuatro, dibuje la línea que representa su propia vida y explíquesela a la clase. En el extremo de la línea horizontal, ponga su edad, para que la línea de la vida llene toda la escala.

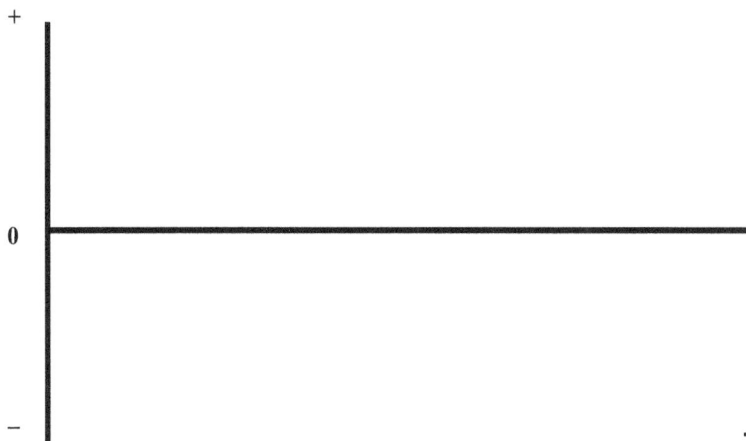

```
+ |
  |
  |
  |
0 |_____
  |
  |
- |                                  .
```

Ahora bien, esta línea puede tener variadas formas. Pero lo importante de ella no son los pequeños altibajos, sino la dirección general de la vida.

La figura cinco representa el *resumen* de la línea, de lo contrario, existe un problema muy serio en la vida de la persona cuya línea representa.

La meta es clara, pero ¿cómo lo logramos? Hay distintas maneras. Por ejemplo, podemos ver que Pablo utilizó varios métodos para continuar con sus contactos.

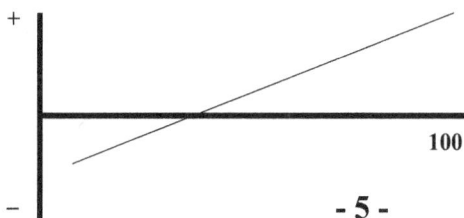

```
  + |                        /
    |                    /
    |_____/_____
    |            /            100
    |        /
  - |    /         - 5 -
```

4/ Según los siguientes pasajes, ¿qué medios prácticos utilizó Pablo en cada caso?

➜ 2 Timoteo 1:3

➜ Hechos 15:36

➜ Colosenses 4:16

➜ 1 Corintios 4:17

Por supuesto, el mejor "método" es una relación personal. El nuevo creyente debe reunirse semanalmente con una persona, o como parte de un pequeño grupo. Y recomendamos que estudie, lo más pronto posible, el cuaderno "¡A crecer!" de la Serie Principios de los Cursos para el Crecimento Cristiano. Lleva al nuevo creyente por los primeros pasos de la vida cristiana.

Aconsejamos que insista en dos cosas con el nuevo creyente. Primero, que tenga un tiempo diario, aunque sea breve, donde lea su Biblia y ore.

5/ Piense en un mínimo de tres razones de por qué es esencial que el nuevo discípulo pase un tiempo diario leyendo su Biblia. Compruebe sus razones con la Biblia.

Conviene, siempre, que comience con los evangelios para que conozca mejor a Jesucristo. Una ayuda es el "Registro de lectura" que viene en el cuaderno "¡A crecer!", donde él puede controlar su lectura.

6/ ¿Pero también debe orar diariamente (¡y no solamente una vez por día!).

→ ¿Por qué es necesario que el nuevo discípulo aprenda a orar?

→ ¿Cómo le enseñamos a orar?

La segunda cosa en que debemos insistir es que participe en la iglesia.

7/ Es *necesario* que el nuevo discípulo forme parte activa de la iglesia.

➜ ¿Por qué?

➜ ¿Qué pasará con él si no llega a formar parte activa?

Por supuesto, el proceso que vamos describiendo no termina aquí. En realidad, *nunca* termina. Ud y yo, si somos cristianos sanos, hemos de seguir creciendo hasta que veamos a nuestro Señor.

Pero, el énfasis de este cuaderno —y esperamos que haya sido obvio— es que *todos* podemos participar en la tarea de hacer discípulos de Jesucristo. Nuestra oración es que usted, y un número creciente de personas en su iglesia, comiencen a "experimentar" con los pasos prácticos que hemos explorado juntos.

Cómo utilizar este cuaderno

Estos cuadernos son *guías de estudio*, es decir, su propósito es guiarle a usted para que haga su propio estudio del tema o libro de la Biblia que desarrolla este material. El cuaderno propone un diálogo. En él introducimos el tema, sugerimos cómo proceder con la investigación, comentamos, pero también preguntamos. Los espacios después de las preguntas son para que usted anote su respuesta a ellas. Esperamos que, por medio del diálogo, le ayudemos a forjar su propia comprensión del tema. No de segunda mano, como cuando se escucha un sermón, sino como fruto de su propia lectura y investigación.

¿Cómo hacer el estudio?

1 - Antes de comenzar, ore. Pida ayuda a Dios que le hable y le dé comprensión durante su estudio.

2 - Se deben leer los pasajes bíblicos más de una vez y preguntarse: ¿Qué dice el autor? Aunque muchos utilizan la versión Reina-Valera de la Biblia, conviene tener otra versión o versiones disponibles para comparar los pasajes entre las dos. La "Versión popular" y la "Nueva versión internacional" le pueden ayudar a ver el pasaje con más claridad.

3 - Siga con la lectura de la lección. Responda lo mejor que pueda a las preguntas.

4 - Evite la tendencia de "apurarse para terminar". Es mejor avanzar lentamente, pensando, preguntando, aclarando.

En grupo

El estudio perSonal es de mucho valor pero se multiplican los beneficios si lo acompaña con el estudio en grupo. Un grupo de hasta 8 personas es lo ideal. Pero, puede ser que por diferentes motivos el grupo esté formado por usted y una persona más, aun así, es mejor que estudiar solo.

En realidad, estos cuadernos han sido diseñados con ese motivo: estimular el estudio en células, en grupos pequeños. La manera de hacerlo es fácil:

1 - **Usted hace en forma personal una de las lecciones del cuaderno**. Aun cuando pueda haber cosas que no entienda bien, haga el mayor esfuerzo posible para completar la lección.

2 - **Luego se reune con su grupo**. En el grupo comparten entre todos las respuestas de cada pregunta. Puede ser que no tengan las mismas respuestas, pero comparando entre todos las van aClarando y corrigiendo.

Es durante este compartir semanal de una hora y media, este diálogo entre todos, donde se encuentra la verdadera riqueza y que nos provée esta forma de estudio.

3 - **Evite salirse del tema**. El tiempo es oro, y lo más importante es enfocar todo el esfuerzo del grupo en el tema de la lección. Luego, pueden dedicar tiempo para conocerse más y tener un rato social.

4 - **Participe**. Todos deben participar. La riqueza del trabajo en grupo es justamente eso.

5 - **Escuche**. Hay una tendencia de apurar nuestras propias opiniones sin permitir que el otro termine. Vamos a aprender de cada uno, aun de los que, según nuestra opinión, están equivocados.

6 - **No domine lA discusión**. Puede ser que usted tenga todas las respuestas correctas, sin embargo es importante dar lugar a todos, y estimular a los tímidos a participar. No se trata de sobresalir, sino de compartir aprendiendo juntos.

Si en el grupo no hay una persona con experiencia en coordinarlo, se puede encontrar ayuda para dirigir un grupo en:

1 - Nuestra página web, www.edicionescc.com. La sección "Capacitación" ofreceuna explicación breve del método de estudio.

2 - En las últimas páginas de nuestro catálogo se ofrece también una orientación.

3 - El cuaderno titulado "Células y otros grupos pequeños" es un curso de capacitación para los que desean aprender

cómo coordinar un grupo.

4 - Hay algunas guías que disponen de un cuaderno de sugerencias para el coordinador del grupo.

Finalmente diremos que las guias no contienen respuestas a
las preguntas ya que el cuaderno es exactamente eso, una guia,
una ayuda para estimular su propio pensamiento, no un comen-
tario ni un sermón. Le marcamos el camino, pero usted lo tiene
que seguir.

Que el Señor lo acompañe en esta tarea y si necesita ayuda,
comuníquese con nosotros. Estamos para servirle.

www.ingramcontent.com/pod-product-compliance
Lightning Source LLC
Chambersburg PA
CBHW060724030426
42337CB00017B/2998